NOTICE HISTORIQUE

SUR

JOSEPH DECAISNE

PAR

M. BERTHELOT

Secrétaire perpétuel de l'Académie des Sciences

LUE DANS LA SÉANCE PUBLIQUE ANNUELLE DU 18 DÉCEMBRE 1893

INSTITUT DE FRANCE — ACADÉMIE DES SCIENCES

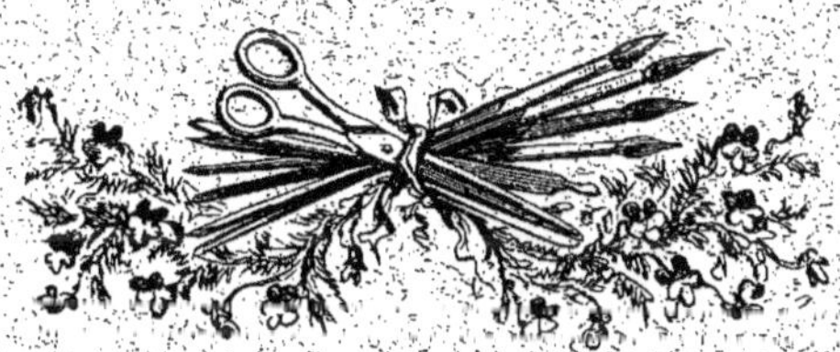

PARIS

J. ROTHSCHILD, ÉDITEUR

13, RUE DES SAINTS-PÈRES, 13

1894

NOTICE HISTORIQUE

SUR

JOSEPH DECAISNE

OFFERT

à ....

....

DE LA PART

De MM. BORNET et DEHÉRAIN, Membres de l'Institut
et J. ROTHSCHILD, Éditeur

NOTICE HISTORIQUE

JOSEPH DECAISNE

PAR

M. BERTHELOT

Secrétaire perpétuel de l'Académie des Sciences

LUE DANS LA SÉANCE PUBLIQUE ANNUELLE DU 18 DÉCEMBRE 1893

———

INSTITUT DE FRANCE — ACADÉMIE DES SCIENCES

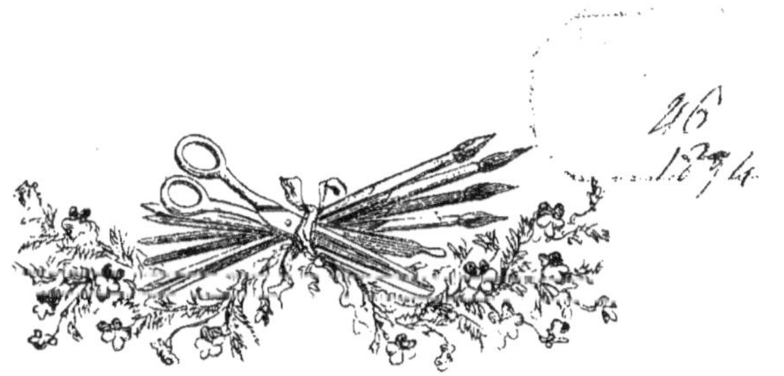

PARIS

J. ROTHSCHILD, ÉDITEUR

13, RUE DES SAINTS-PÈRES, 13

—

1894

NOTICE HISTORIQUE

SUR

JOSEPH DECAISNE

Messieurs,

La Science a ses degrés, comme la vertu : Elle a des héros, tels que Newton et Lavoisier, que leur génie éleva au rang des demi-dieux ; mais la vertu, aussi bien que la science, serait rare dans le monde et n'y exercerait qu'un rôle exceptionnel, si elle ne s'appuyait sur cette multitude plus modeste des hommes distingués, qui consacrent leur vie au culte du bien et de la vérité. Ce sont eux qui, par leur caractère et leurs travaux, constituent la représentation continue et la force morale permanente de l'humanité.

Quoi qu'on ait prétendu sur le déclin de notre siècle, il est certain que nul temps, nul pays ne compte de tels hommes davantage que le nôtre : j'ajouterai que notre Compagnie en est l'asile par choix et par destination. C'est pourquoi je regarde comme l'un des devoirs les plus pressants de la charge que j'exerce aujourd'hui au nom de l'Académie, celui de rappeler la mémoire de ces savants sincères et sans prétention, parvenus par leur seul travail depuis les rangs les plus infimes de la Société jusqu'au suprême honneur de l'Institut. Leur carrière et leurs succès font l'éclat de la démocratie française. Decaisne fut l'un de ceux-là : c'est l'une des plus nobles natures morales qui aient jamais vécu et l'un des hommes qui ont rendu les services les plus réels à la science de notre époque.

I

Joseph Decaisne est né à Bruxelles, le 7 mars 1807, date à
laquelle la Belgique faisait partie de l'Empire français. Il était
le second fils de Victor Decaisne, natif de Beauchamps, arrondis-
sement d'Abbeville, et d'Anne-Marie Maës, d'Anvers. Il avait
donc à la fois dans ses veines du sang picard et du sang flamand
et il participait de cette double origine par la vivacité un peu
cassante de sa nature droite et foncièrement honnête, comme
par l'effort solide et continu de sa laborieuse intelligence. Né
Français, d'origine française, animé d'un vif patriotisme, il n'en
garda pas moins une vive affection pour le pays de sa mère, où
s'était passée sa première enfance. Il en avait conservé l'accent
et divers traits de style et de caractère ; son entourage domes-
tique et quelques voyages en Belgique et en Hollande, qu'il fit
dans son âge mûr, contribuèrent encore à l'en rapprocher. Sa
vieille mère infirme, assise dans un fauteuil de son salon, entourée du respect de son fils et de ses amis, semblait un antique portrait des peintres flamands. Aussi est-ce à juste titre que
la nation belge a revendiqué le droit de partager avec la France
l'honneur d'avoir donné naissance à Decaisne. Alliance
féconde des races et des peuples, que nulle nation n'a proclamée
plus haut que la France ! Malgré les tristesses et les antago-
nismes de l'heure présente, c'est cette alliance, cette fusion des
hommes dans la concorde et l'amour réciproque, qui constitue
l'espérance et l'avenir de la civilisation universelle !

La famille de Decaisne en fournit un exemple mémorable, car
ses membres se partagèrent entre les deux pays. C'est à Bruxelles qu'ils naquirent et furent élevés par leur mère, restée
veuve, sans fortune, avec quatre enfants, dont trois fils. Tous
trois ont marqué parmi leurs contemporains. Un seul, Pierre,
devint citoyen belge. Après la chute de l'Empire, il fit ses études
de médecine à Paris ; il prit part, comme médecin militaire, à
la campagne qui affranchit la Belgique en 1830, et il atteignit
le plus haut grade du service de santé dans l'armée belge. Le

frère aîné, Henri, s'adonna à la peinture. Élève de David, qui avait été exilé à Bruxelles pendant la Restauration, il vint à Paris en 1821 avec sa famille. Son exemple et ses succès ne demeurèrent sans doute pas sans influence sur notre futur confrère. Mais cette influence fut tardive; car la réputation ne sourit à Henri Decaisne que dix ans après. Si l'un de ses tableaux, qui représente la Belgique couronnant ses enfants les plus illustres, figure avec honneur au Musée de Bruxelles, cependant ses débuts n'en avaient pas moins été pénibles et la famille avait traversé une période de gêne et de misère. Ces détails domestiques, en même temps qu'ils font mieux comprendre le milieu moral et matériel où se forma Decaisne, sont nécessaires pour rendre compte des débuts singulièrement difficiles de son existence et du courage avec lequel il se résigna à accepter d'abord la condition d'un simple artisan, pour remonter, par l'effort du travail et de la volonté, jusqu'au rang dû à son mérite. Exemple rare d'énergie que l'on ne saurait trop mettre en évidence et entourer de trop d'éloges ?

L'enfance de notre confrère ne faisait pas prévoir de telles extrémités. Il avait commencé ses études au lycée de Bruxelles et les avait poursuivies à Paris ; mais la vie devenant de plus en plus difficile, il dut penser à tirer profit de lui-même, dès son adolescence. Son frère lui donna des leçons de dessin, et il acquit une certaine habileté pour reproduire les objets d'histoire naturelle, plantes, fleurs, animaux, talent auxiliaire indispensable aux études scientifiques qu'il poursuivit plus tard : à l'heure actuelle, ce devait être un gagne-pain. Le professeur Breschet proposa à Decaisne d'entrer dans son laboratoire, pour y dessiner des pièces anatomiques : il ne put y rester, la vocation médicale lui manquait. La vue, l'odeur des objets disséqués lui inspirèrent une répugnance invincible et une sorte de terreur, qui l'obligèrent à chercher d'autres moyens d'existence. Les plantes ont quelque chose de plus doux et de plus flatteur pour le sens et l'imagination. Mais il n'est pas aisé à un débutant de trouver à vivre en les dessinant : il faut une clientèle acquise qui lui manquait. La pauvreté le força donc à

descendre encore davantage : il dut renoncer pour un temps à
vivre de son intelligence et se résigner à une profession matérielle, qui lui permît de tirer parti de ses bras et de son labeur
musculaire. Visiteur assidu du Jardin des Plantes, à cause de
ses dessins, il fut réduit à demander du travail à Colin, aide
dans cet établissement, et il entra lui-même au Muséum comme
garçon jardinier, en 1824, à l'âge de 17 ans. C'était déjà la
preuve d'une force morale précoce : combien connaissons-nous
autour de nous de gens de condition moyenne qui, après leur
ruine accomplie, préfèrent se réduire, eux et leurs enfants, à
l'état de parasites, vivant aux dépens de la société qu'ils accu-
sent de leur misère, au lieu de recourir à un travail manuel
honorable ?

C'est ainsi que Joseph Decaisne entama le combat pour la
vie : ses débuts mêmes dans sa nouvelle condition furent rendus plus durs par la malveillance de ses nouveaux pairs. Au
lieu d'accueillir avec sympathie ce jeune homme, cet enfant,
amené vers eux d'une condition supérieure par le sentiment du
devoir, et qui regardait le labeur du manœuvre comme supérieur
à la mendicité du déclassé, ses compagnons traitèrent avec ré-
pulsion leur nouveau collègue ; ils l'entourèrent de tracasseries
et cherchèrent à l'humilier : sentiment malheureusement trop
commun chez les natures vulgaires, mises par les circon-
stances en rapport d'égalité avec des personnes plus affinées.
Mais Decaisne sut se défendre, par les moyens mêmes à la por-
tée de sa nouvelle société. On rapporte que la question se vida
par un combat singulier, où il fut le plus fort, ce qui lui donna
la paix.

Il put donc exercer tranquillement ses fonctions de garçon
jardinier, et il demeura dans la hiérarchie de cette condition
pendant neuf années. Il devait conserver de cette période de sa
vie une empreinte ineffaçable, quelque chose de rude et d'arrêté
dans les manières et dans le langage ; un caractère droit jusqu'à la brusquerie, bienveillant pour les gens laborieux, mais
ennemi de tout détour, de toute intrigue, de tout charlatanisme.

Cependant Decaisne, une fois assuré de l'existence matérielle, ne se confina pas dans sa besogne quotidienne. Après avoir accompli sa tâche avec conscience, il allait visiter les serres et les jardins célèbres ; il étudiait et dessinait les plantes rares ; ses fonctions mêmes lui permettaient de suivre les herborisations, comme auxiliaire, et d'en profiter pour compléter son éducation. Enflammé du désir d'apprendre, après une journée de labeurs manuels, il consacrait encore une partie de ses nuits à l'étude.

On a raconté qu'un célèbre philosophe de l'antiquité, pour ne pas s'endormir, tenait dans sa main une boule de métal, placée au-dessus d'un bassin de cuivre : si son attention fléchissait, la chute sonore de la boule le réveillait. Notre héros n'était pas moins obstiné dans sa volonté de travail : quand il était trop fatigué la nuit, il se jetait sur une natte tout habillé et sans couverture, afin que le froid ne tardât pas à le réveiller.

Dans un établissement tel que le Muséum, ce zèle ne pouvait tarder à être signalé. Étienne Geoffroy Saint-Hilaire, apercevant de la lumière aux fenêtres du magasin de graines après l'heure réglementaire, s'enquit de ce qui s'y passait, et avec sa bonté accoutumée signala le jeune jardinier aux encouragements de ses collègues. Il était coutumier du fait : c'était lui qui avait autrefois découvert Cuvier, simple précepteur chez un particulier, et qui l'avait lancé dans la carrière, sans redouter d'y trouver plus tard un émule et un rival. Decaisne ne rêvait point des destinées si hautes, mais il n'en devint pas moins une précieuse acquisition pour la science. Adrien de Jussieu le fit passer du laboratoire des graines au carré des semis : ce fut son premier avancement ; Bernard de Jussieu avait autrefois illustré cette modeste situation.

Le mérite de Decaisne et ses services devenant de plus en plus manifestes, il fut choisi par Jussieu, en 1833, comme aide naturaliste ; il avait 26 ans, et la carrière de la science, fermée pour lui depuis son adolescence, se rouvrait enfin et d'une manière définitive.

Il sut la parcourir ; mais toujours en marquant les étapes par un travail incessant. Soin des herbiers, préparations destinées aux publications de botanique descriptive, classement des collections de plantes, soit rapportées par les voyageurs, soit achetées ou données par diverses personnes, disposition et surveillance des objets placés dans les galeries : tels sont les devoirs de l'aide naturaliste, et Decaisne s'en acquittait à merveille. On retrouve partout son écriture dans les collections, notamment dans le célèbre herbier de Delessert. La fatigue des observations microscopiques, auxquelles il se livra pendant plus de cinquante ans, finit même par affaiblir et ruiner presque entièrement la vue de son œil gauche. En même temps, utilisant ses premières études, il accumulait chaque jour les dessins des êtres et des organes les plus intéressants, et il continua ainsi toute sa vie à former une réserve inépuisable, utilisée dans ses publications ultérieures. Le crayon pour le naturaliste est l'auxiliaire obligé du scalpel qui dissèque et de la plume qui décrit ; car l'on n'avait pas alors la photographie pour y suppléer, sinon même pour assurer davantage la sincérité des descriptions anatomiques.

II

Decaisne ne tarda pas à publier les fruits de ses études. La liste de ses notes, mémoires et ouvrages de longue haleine comprend près de 300 numéros. Beaucoup sont de courtes remarques ou monographies, les unes purement descriptives, les autres se rapportant à des problèmes de classification ou de méthode naturelle. Quoiqu'il insistât sans cesse sur la nécessité d'observer les êtres vivants pour bien comprendre le jeu des organes et les phénomènes de la vie, personne mieux que lui ne savait lire dans les spécimens desséchés des herbiers les caractères et les affinités des plantes. L'étude des végétaux nouveaux, rapportés par les voyageurs, rentrait d'ailleurs dans ses premières fonctions : par exemple, celle des plantes du Japon, de l'Égypte, du Sinaï, la suite de la publication de l'herbier indien de Jacquemont, etc. Une description de la flore de Timor forma l'objet de son premier mémoire inséré aux savants étrangers, en 1834, et depuis, les problèmes de géographie botanique ne cessèrent de le préoccuper ; c'est ainsi qu'il découvrit dans le massif des Balkans l'origine du marronnier d'Inde, découverte confirmée depuis par les professeurs de l'Université d'Athènes.

Ses recherches anatomiques et physiologiques sur la garance en 1837 ouvrent des horizons plus larges ; elles témoignent de son entrée dans un nouveau domaine et elles joignent à l'attrait des études purement théoriques l'intérêt plus pressant peut-être des applications industrielles. Elles furent couronnées par l'Académie des Sciences de Bruxelles. Le mémoire sur le développement du pollen, de l'ovule, et sur la structure de ce singulier parasite qu'on appelle le gui, a été présenté à notre Compagnie, et jugé par elle digne de l'insertion aux savants étrangers. C'est ainsi que la réputation de Decaisne comme spécialiste s'étendait et s'affermissait de jour en jour. Ses monographies sur les familles des Lardizabalées, des Asclépiadées, des Plantaginées, etc., ont marqué parmi ses travaux de début ; sans énumérer tout ce qu'il a écrit dans cet ordre, il suffira de rappeler que l'étude des Pomacées marqua la fin de sa carrière.

La plupart des publications spéciales faites par Decaisne sont dues à son concours à la grande œuvre du *Prodromus* des de Candolle, monument élevé à l'idéal des naturalistes, tel qu'ils le concevaient au commencement du siècle. Toute la Botanique, comme la Zoologie, paraissait alors consister dans la description méthodique des espèces, coordonnées suivant les cadres réputés absolus de la méthode naturelle. Mais, fragilité suprême des conceptions humaines ! cet idéal, qui a enthousiasmé plusieurs générations de savants, s'est évanoui, avant même que l'œuvre colossale du *Prodromus* ait été poussée jusqu'à son terme. On a cessé de croire, non seulement à la réalisation possible, mais à l'existence même d'une semblable méthode : l'hypothèse voilée qu'elle impliquait, celle d'un lien génétique entre les espèces et les familles a détruit à la longue la notion de la fixité de ces espèces, et elle a fini par conduire les naturalistes philosophes à des doctrines opposées et plus suggestives. C'est ainsi que la Taxonomie, après avoir un moment paru embrasser et résumer toute la science, est tombée au simple rang d'une branche de la Botanique ; elle n'est plus guère regardée aujourd'hui que comme une construction artificielle : indispensable sans doute, mais surtout à titre d'auxiliaire de sciences nouvelles, qui pénètrent plus profondément dans la constitution intime des êtres vivants et qui étudient leur vie actuelle et l'évolution progressive de leurs générations dans la série des âges. Nous retrouverons tout à l'heure l'influence de ces idées sur les travaux de l'âge mûr de Decaisne. Mais, à ses débuts, elles lui demeuraient étrangères, comme à la plupart des botanistes de son temps.

Une portion importante de ses labeurs fut consacrée à des plantes utiles à l'industrie humaine. J'ai déjà nommé la garance. Decaisne s'attacha encore avec Péligot à l'examen de la betterave à sucre (1839) et, un peu plus tard (1845), il publia des recherches sur la ramie, ortie textile de Chine, nouvelle alors, mais dont l'emploi a pris depuis une certaine importance. La maladie de la pomme de terre, qui amena la cruelle famine de l'Irlande, fut en 1846 l'objet de ses études ; et il proposa d'introduire dans la culture un succédané de cette plante alimentaire, l'igname de Chine.

La vigueur scientifique de l'esprit de Decaisne croissant avec les années, il aborda, à partir de 1840, l'étude de la végétation de la mer, sujet immense, qui touche aux problèmes les plus généraux de la vie, et dont la fécondité ne sera jamais épuisée. Ce genre de recherches est aujourd'hui singulièrement facilité par les stations scientifiques maritimes, multipliées tout autour de nos côtes. Quoique ces stations aient été jusqu'ici surtout zoologiques, on ne saurait en méconnaître l'importance pour la Botanique. Decaisne n'avait pas les mêmes ressources, lorsqu'il entreprit l'étude des Algues marines en 1840, débutant par quelques notes insérées dans le *Bulletin de l'Académie de Bruxelles*, pour laquelle il conserva toujours une attention filiale.

Il s'agissait d'établir la nature véritable des Corallinées. Ce sont des êtres singuliers, habitant les eaux marines, encroûtés par des sels calcaires, et que l'on a considérés alternativement

comme des végétaux et des animaux. On sait que les coraux
proprement dits ont donné lieu à la même discussion : les anciens, se fondant sur leur forme et leur apparence, les regar-
daient comme des plantes, et ce préjugé régna jusqu'au jour où
les naturalistes modernes démontrèrent la constitution animale
de ces agrégats d'individus, reliés et soutenus par leur char-
pente minérale. Les Corallinées avaient d'abord suivi la desti-
née des coraux dans la classification. Lamarck et Cuvier les
plaçaient parmi les polypes. Aujourd'hui elles ont été restituées
au règne végétal : c'est une tribu de la classe des Algues, et
Decaisne a pris une part essentielle à cette découverte importante.

Ses études sur les anthéridies et les spores, c'est-à-dire sur
la sexualité des Fucacées, se rapportent à un problème plus
général encore et qui n'a pas cessé d'être l'objet des investiga-
tions des savants les plus distingués. Mais, après avoir abordé
ce sujet en 1844, en collaboration avec son élève et ami Thuret, il lui en abandonna la poursuite; il ne cessa d'ailleurs de le
conseiller et de le suivre dans la série des belles découvertes,
qui ont mené successivement jusqu'à l'Académie Thuret d'a-
bord, comme correspondant, puis notre confrère M. Bornet.
Grand exemple de désintéressement, moins rare cependant parmi les maîtres de la science que la malignité humaine ne porte
quelques jaloux à le supposer!

III

La réputation de Decaisne avait grandi, par cette progression
lente et irrésistible qui résulte d'un travail continu et conscien-
cieux. Les sanctions ne tardèrent pas à venir. Le 19 avril 1847,
il fut nommé membre de la Section d'Économie rurale à l'Académie, après les débats d'une double candidature, où l'on retrouve en face l'un de l'autre, pour se disputer la place, qu'ils
obtinrent successivement, un chimiste, Payen, et un botaniste,
Decaisne : la chose n'est pas rare au sein de la Section.

Decaisne professait déjà depuis plusieurs années dans la chaire de culture au Muséum : il en devint titulaire en 1851. Il y avait été précédé par des savants illustres de leur temps, Thouin, Bosc et de Mirbel.

C'est ainsi que l'ancien garçon jardinier, par vingt-sept années de travail continu, s'était élevé au rang de ses anciens maîtres. Il avait connu au-dessus de lui, dans les hauteurs de l'empyrée scientifique, au début du siècle, les Cuvier, les Geoffroy Saint-Hilaire, les de Jussieu, les Gay-Lussac, les Brongniart, Chevreul enfin, qui prolongea jusqu'à nos derniers temps sa carrière centenaire : ces hommes sont l'honneur immortel du Muséum et de la science française!

En 1828, on comptait encore, dans la section de Botanique, des noms illustrés dès la fin du xviii⁰ siècle, tels qu'Antoine-Laurent de Jussieu et Lamarck. Puis vint la génération des Épigones, élèves et successeurs de ces grands hommes. Si nous recherchons les noms des membres de la section à vingt ans d'intervalle, nous voyons qu'en 1848 Mirbel survivait seul; de nouveaux venus, Auguste Saint-Hilaire, Richard, Brongniart, Gaudichaud et le dernier des Jussieu, Adrien, y continuaient la grande tradition. Vingt ans après, la composition de la section a changé encore une fois. De 1838 à 1848 ses membres étaient restés les mêmes; mais presque tous disparaissent dans les années suivantes. En 1858, Brongniart représente seul les vieux souvenirs, et nous y trouvons les noms de trois de nos confrères actuels : MM. Duchartre, Naudin, Trécul, dont la postérité saura apprécier le rôle et les services. Remarquons d'ailleurs à quel point la continuité de la science et de ses idées générales est maintenue par la constitution de l'Institut. De 1838 à 1893, c'est-à-dire pendant cinquante-cinq ans, la section de Botanique a perdu seulement onze de ses membres et elle ne s'est renouvelée que deux fois : une fois par génération humaine. C'est là une mesure suffisante pour assurer à la fois la suite des traditions et le rajeunissement des idées, double condition également nécessaire au maintien et au développement des études auxquelles est consacrée notre Académie.

Exposer les problèmes qui se sont succédé en Botanique, pendant les deux générations qui embrassent l’existence de Decaisne, ce serait certes là un sujet fécond et surprenant, rempli d’enseignement pour l’histoire de l’esprit humain. On y verrait comment l’étude obstinée des familles et des espèces a conduit les savants à soulever le problème même des origines de celles-ci ; comment ce problème a rejeté au second plan l’étude des classifications ; comment la physiologie des plantes, à peine entrevue d’abord, a pris une importance et un intérêt grandissants et quelle en est la liaison intime avec un autre ordre de questions, presque inconnues au début de ce siècle : je veux parler de la chimie végétale, c’est-à-dire des transformations en vertu desquelles les éléments minéraux se fixent et s’assimilent, pour former les principes immédiats et les tissus mêmes des plantes. L’étude purement chimique de ces transformations a mené à celle des mécanismes qui y président ; c’est-à-dire à l’examen approfondi des derniers éléments des tissus, et par suite à la connaissance des êtres microscopiques, microbes, bactéries, cellules isolées ou groupées, qui sont à la fois le siège de la vie intime des plantes et les agents subtils des métamorphoses chimiques, en vertu desquels la vie se poursuit et se propage. Ainsi un monde nouveau s’est révélé et sa découverte a conduit les observateurs dans des voies non soupçonnées il y a cinquante ans. Mais ce n’est pas ici le moment de retracer ce tableau de la transformation incessante de la science, entraînée continuellement, par l’étude des problèmes qu’elle discute, à en soulever de nouveaux et à changer d’horizon. Si j’ai dû en dire quelques mots, pour marquer l’évolution de la science de notre temps, c’est-à-dire de celui de Decaisne, cependant je ne saurais m’y étendre, sans m’écarter de l’étude biographique du savant distingué et méritant, dont on s’attache à raconter ici la vie et le rôle scientifique.

IV

Bornons-nous donc à rappeler les services que Decaisne a rendus à sa science favorite et l'influence légitime que sa haute situation lui a permis d'exercer sur ses contemporains : tant au Muséum, où il accomplissait ses fonctions, que dans les grandes publications scientifiques, auxquelles il apporta son concours.

Le rôle de Decaisne au Muséum était multiple. Comme professeur, sa parole improvisée et inégale agissait par la chaleur de son amour pour la botanique et par la richesse de ses descriptions, plutôt que par sa forme littéraire. Mais l'influence d'un professeur de science n'est pas limitée à son amphithéâtre; elle s'accuse aussi dans la direction des travaux pratiques. Les herborisations de Decaisne, conduites avec verve et entrain, ont laissé des souvenirs durables parmi ses élèves. Dans le contact perpétuel qu'il conservait avec les étudiants et les jeunes savants, il ne refusa jamais à personne, ni un conseil désintéressé, ni une aide bienveillante et efficace.

Plus d'un des jeunes hommes qu'il a formés sont devenus des savants distingués. Citerons-nous nos confrères Naudin, Dehérain et le regretté Thuret? Rappellerons-nous l'affection touchante conservée à son ancien maître par M. Bertrand, de la Faculté des Sciences de Lille? On trouve dans une lettre de Decaisne, datée de 1875, ce cri du cœur : « La découverte de Van Tieghem me rend heureux. » Bien d'autres noms pourraient être ici prononcés.

Decaisne n'était pas moins attaché à ses devoirs de Directeur des cultures du Muséum. Chaque matin, il passait en revue l'École Botanique, les Serres, l'Orangerie, le Jardin public et les Pépinières. Il aimait profondément ce Muséum, où il avait grandi, où toute sa vie s'était écoulée. C'était là sa vraie famille, son milieu favori; c'était là qu'il vivait dans sa petite maison de la rue de Cuvier, de cette vie sévère et un peu triste de l'homme demeuré solitaire, et qui ne renouvelle pas sans cesse son être moral, par la présence d'une femme aimée, et par l'éducation affectueuse de ses enfants. Les amis, quelque chers qu'ils soient, et Decaisne en comptait de bien dévoués, ne sauraient y suppléer. Ni l'impulsion toujours présente de la recherche scientifique, qui formait le fond de sa vie, ni les jouissances des arts, musique et peinture, auxquels il était sensible par nature et par tradition de famille, ne suffisent à combler de tels vides.

Cependant son rôle et son influence sur la science augmentaient et, par une suite nécessaire, ses occupations, à mesure qu'il parvenait à ces hautes positions, ambition suprême du savant. Depuis 1842, il prit part à notre grande publication française, *les Annales des sciences naturelles*, et dans un ordre moins élevé, quoique non moins utile, à la *Revue horticole*, et au *Bon Jardinier*. Il publiait, en collaboration avec Le Maout, un *Traité général de Botanique*, devenu classique; avec M. Naudin, un *Manuel de l'Amateur des jardins*, et il dirigeait en même temps une œuvre de longue haleine qui lui tenait surtout à cœur, *le Jardin fruitier du Muséum*, en 12 vol. in-4° : c'est là que se trouve sa célèbre *Étude sur les Poiriers*, où il aborde la grande question de l'espèce : j'y reviendrai tout à l'heure.

Decaisne concourut aussi à la création de la Société de botanique, dont il fut deux fois président. Cette création et celle des sociétés similaires marquent une époque, ou plutôt une étape, dans l'histoire de la Science française. A ce moment, en effet, les Sciences physiques et naturelles, longtemps concentrées dans un double foyer, — l'Académie, pour les réputations faites, et la Société philomathique, pour les débutants, — commençaient à réclamer des organes spéciaux; leurs adeptes, de plus en plus nombreux, suffisaient à former dans chaque science particulière un public compétent et désireux de discuter plus à fond, entre gens du métier, les questions qui les intéressaient. Ainsi se fondèrent, il y a une quarantaine d'années, les Sociétés de biologie, de chimie, de géologie et minéralogie, de mathématiques, de physique, de botanique, par une sorte de démembrement de l'antique et vénérable Société philomathique.

V

La vie de Decaisne s'écoula dès lors, entourée d'honneurs et de respect. En 1864, il fut élu président de l'Académie, fonction qu'il exerça l'année suivante. La Société royale de Londres le nomma membre étranger en 1880. Il jouit de ces dignités avec la modestie et la simplicité qui le caractérisaient. C'était, dans toute la force du terme : *Mens sana in corpore sano.*

En effet, son équilibre moral était lié intimement avec l'équilibre de sa nature physique. Sa constitution était saine et robuste, maintenue par des habitudes de tempérance, par une vie sobre et active qui combinait les travaux de cabinet avec les visites quotidiennes en plein air des jardins du Muséum et les excursions périodiques des herborisations en rase campagne.

C'est ainsi que, dans les conditions imparfaites et fragiles de l'existence humaine, la vie d'un savant, et surtout celle d'un savant adonné aux sciences de la nature, exempte des agitations passionnées des affaires, des arts, ou de la politique, offre les garanties les plus certaines de la santé physique et du bonheur moral !

Il convient d'y joindre celles du caractère : elles ne faisaient certes pas défaut à Decaisne ; sa vie était régulière et modeste, non sans une nuance d'austérité. S'il était dur pour lui-même, si son premier abord avait parfois quelque raideur et je ne sais quelle nuance de méfiance, cependant, une fois cette première impression dissipée, il savait être bon et indulgent pour les autres, surtout pour les jeunes gens et les hommes de bonne volonté.

Sincère et sans grande malice, mais d'une extrême droiture, il avait l'amour passionné de la vérité, l'horreur du charlatanisme, et il savait reconnaître les personnes qui partageaient ces sentiments. Ce sont là des qualités qui procurent des amitiés solides et des rancunes tenaces : les unes et les autres n'ont pas fait défaut à Decaisne. Il faisait beaucoup de bien autour de lui, mais en secret ; il visitait en personne les indi-

gents de son quartier. Plus d'un botaniste de son temps lui dut
une aide efficace. Après avoir épuisé les faibles ressources dont
il disposait, pour venir au secours des savants dans la détresse,
il savait recourir, dans l'occasion, à des amis plus riches, tels
que G. Thuret, qui le précéda dans la tombe, et, plus tard,
Mme H. Thuret, qui mourut le même jour que lui.

La façon dont il aida l'un d'entre eux mérite d'être rappor-
tée, à cause de l'honneur qu'elle fait à tous les personnages
mêlés à cette aventure. Ce savant, dont je tairai le nom, était
plus attentif à ses travaux qu'à la recherche des ressources
matérielles de l'existence. En 1850, réduit aux dernières extrémités, il s'adressa à ses connaissances, afin de tâcher de trouver quelque occupation rémunérée. Il était médecin et c'est
parmi les devoirs professionnels de cet ordre qu'il la cherchait.
Le botaniste Thuret, dans sa générosité, croit pouvoir aller au
plus pressé : il offre 3.000 francs, soi-disant pour écrire un
ouvrage scientifique. Mais son interlocuteur est trop fier pour
accepter une aumône déguisée. Il refuse et, poursuivant ses
démarches, va voir la sœur de Decaisne, Mme Simart, à qui il
raconte sa situation. Celle-ci, avec la finesse délicate d'une
femme, voit de suite ce qu'elle a à dire. « Vous arrivez à merveille ; je suis chargée par une amie qui habite Bordeaux de
lui faire faire une consultation. Voici sa lettre ; elle est écrite
en espagnol : je vais vous la traduire. » La traduction improvisée, elle ajoute : « Rédigez l'ordonnance. » Notre médecin
surpris écrit sa consultation. — « Vous me tirez d'embarras,
ajoute son interlocutrice ; j'attendais mon frère pour lui demander conseil et je vous remercie. Je vais envoyer votre ordonnance à mon amie et voici 40 francs qu'elle m'a chargée de
remettre au médecin. » La conversation continue et l'esprit
ingénieux de la sœur de Decaisne trouve presque aussitôt un
nouvel artifice. — « Votre visite, dit-elle, est vraiment provi-
dentielle. Une personne âgée et charitable m'a chargée de trouver un médecin pour soigner quelques pauvres gens du quartier
Saint-Eustache. Accepteriez-vous cette mission ? — Oui, sans
doute. » Mais notre homme, toujours méfiant, ajoute : « A la

condition de savoir le nom de cette personne. — Docteur, cela
ne vous regarde pas. Tout ce que je peux vous dire, c'est que
je dois aller voir demain M. Drouet, vicaire de Saint Eustache,
et m'en entretenir avec lui. » Puis, sur un signe : « Puisque
vous acceptez, voici votre denier à Dieu (100 francs) pour le
premier trimestre. Vous me tirez d'embarras. »

C'est ainsi qu'on trouva moyen de faire accepter à notre
homme l'argent de Thuret, qu'il avait refusé d'abord. « Avouez,
ajoute Decaisne dans la lettre où il rapporte ces faits, qu'il eût
été plus simple d'écrire un bon livre pour 3000 francs. » Il s'y
étend sur les précautions à prendre pour continuer cette aide,
sans éveiller les soupçons de l'obligé : « Il pardonnerait diffi-
cilement, dit-il, un service qu'on aurait voulu lui rendre malgré lui. » Puis viennent toute une série d'efforts pour porter le
traitement à cent francs par mois. Cela dura pendant bien des
années, jusqu'à la mort du savant, qui ne soupçonna jamais à
quel point il avait été trompé.

On voit, par ces échanges de lettres et de sentiments affec-
tueux réciproques, que Decaisne ne s'enfermait pas dans ce
froid égoïsme, que l'on a parfois reproché à quelques hommes
de génie.

VI

Dans la carrière de tout savant, il y a un point culminant sur
lequel il a concentré ses efforts. Alors même que l'exercice de
son activité a été dispersé par ses fonctions, ses goûts, ses devoirs, on rencontre d'ordinaire une question fondamentale, sur
laquelle ses recherches ont fait époque et méritent d'être rappe-
lées au souvenir de la postérité. Dans l'existence de Decaisne,
cette question est celle de l'espèce, qui a préoccupé tant d'hommes de sa génération et sur laquelle s'est accompli en quelque
sorte le tournant de la Botanique, dans le XIXᵉ siècle. Ce problème était trop vaste pour que Decaisne, avec sa modestie et
le sentiment sincère des limites de son propre esprit, essayât

de l'aborder dans son ensemble. Mais il l'a attaqué sur un point
limité, avec une netteté et une précision irréprochables; et il
est parvenu à des résultats inattendus, contradictoires avec beaucoup des idées émises par les esprits les plus puissants; résultats qu'il n'est permis aujourd'hui à personne de passer sous silence, sans encourir le reproche de mutiler les questions et de
jeter un voile sur la vérité.

En effet, c'est une tendance trop naturelle à l'esprit humain
que la construction de systèmes absolus, repoussant dans
l'ombre, sinon dans un silence et un oubli voulus, les faits qui
leur sont contraires. Ces faits gênants, sans doute, disparaissent d'abord dans la simplification nécessaire des cours et des
manuels et les esprits superficiels tendent à s'en débarrasser
par voie de prétérition. Tandis qu'il importe au contraire de les
mettre en évidence et de les relever sans cesse, dans l'enseignement supérieur et dans les recherches de première main :
car c'est principalement par l'étude critique des faits opposés
aux systèmes reçus que la science progresse.

Or, telles sont les expériences exécutées par Decaisne sur
les Poiriers, et poursuivies par lui pendant plus de vingt ans :
elles faisaient suite à des observations séculaires. Ces dernières
remontent en effet, au jardin fruitier des Chartreux à Paris,
demeuré, au temps de ma jeunesse, distinct du Luxembourg,
avec lequel il est aujourd'hui confondu. Quand les ordres reli-
gieux furent abolis par la Convention de 1793, deux individus
de chacune des variétés d'arbres à fruits que ce jardin renfer-
mait furent transportés dans les terrains du Jardin des Plantes;
le nombre s'en élevait alors à 185. A la mort d'André Thouin,
en 1824, le seul genre Poirier y comptait 265 espèces ou variétés. En 1871, le nombre toujours croissant de ces types d'espèces
ou variétés de poiriers s'élevait à plus de 1400. Ces types résul-
taient-ils de semis? ou bien avaient-ils été multipliés par la
greffe? Peu importe; car leur seule existence soulève un problème taxonomique, qui touche au fond même de la méthode
naturelle. Comment classer ces 1400 types? Nous les avons vus
se multiplier sous nos yeux; devons-nous les partager en gen-

res, en espèces, en races? Et quelles règles présideront à cette distribution? Suffit-il de recourir, comme on le fait d'ordinaire, à un sentiment plus ou moins délicat, mais nécessairement vague, des analogies? La chose est d'autant plus difficile que les types décrits autrefois par Duhamel ne s'y retrouvaient plus avec précision.

En réalité le genre *Pirus* renferme des arbres fort divers, par leur port, par le dessin des familles, qui vont parfois jusqu'à être lobées comme celles de l'aubépine, par la présence ou l'absence des épines, par la forme, le volume, la précocité des fleurs et des fruits. Les caractères y offrent une multiplicité, un enchevêtrement extrêmes. Decaisne avait essayé à son tour de grouper en six souches naturelles les nombreuses formes de ce genre, envisagées comme espèces. Mais ce sont là, en définitive, des conceptions toujours mêlées d'arbitraire. Il s'agit de savoir si chacun de ces types de poiriers provient directement d'une espèce naturelle correspondante? ou bien sont-ce les subdivisions d'un ou plusieurs types primitifs, diversifiés par la nature du sol et de la culture? C'était le cas, ou jamais, de vérifier la définition classique de l'espèce, envisagée comme immuable par la plupart des auteurs de l'époque. A la vérité, Linné, autrefois, avait cru à la variabilité de l'espèce; mais l'opinion contraire avait prévalu; et c'était le fondement obligatoire de la méthode dite naturelle. Autrement, la classification ne pourrait guère être envisagée que comme un procédé commode, né d'un artifice de l'esprit; au lieu d'être l'expression absolue de la nature des choses. On voit l'importance de toutes ces questions, non seulement au point de vue des sciences naturelles, mais à celui plus général de la philosophie et du problème de la connaissance.

Il s'agissait donc de prendre comme critérium les diverses races ou variétés de poiriers et d'en déterminer les modes de transmission par génération. Parmi ces nombreuses variétés, d'après la théorie reçue, celles-là seules devaient pouvoir se transmettre par semis, qui constituent des espèces définies, les variétés faisant retour aux types originels ; les métis, en particulier, lorsqu'ils ne demeurent pas inféconds, sont censés reproduire, tantôt l'un, tantôt l'autre de leurs générateurs, sinon les deux simultanément. On devrait retrouver ainsi ces types originels, voire même constater qu'il n'en existe qu'un seul, commun aux 1400 variétés.

Il est facile de tracer *a priori* le plan d'une semblable expérience; mais son exécution demandait des années et une méthode exacte, suivie avec une rigueur inflexible. Il semble qu'il fût nécessaire pour l'accomplir de recourir à ces établissements séculaires, consacrés à poursuivre une même étude pendant une longue série d'années et dont Bacon avait proclamé la nécessité idéale. Le Muséum remplit en grande partie ces conditions et, grâce à ses ressources, Decaisne osa tenter à lui seul l'entreprise; il avait ce qu'il fallait pour la poursuivre : la patience, la sincérité absolue et la connaissance approfondie de la vie végétale. Il en comprenait d'ailleurs l'importance capitale pour la discussion des problèmes relatifs à la descendance des êtres, dont Darwin a été, de notre temps, le plus éclatant promoteur.

Decaisne choisit, en 1853, quatre variétés de poiriers, reconnues comme distinctes par tous les arboriculteurs, savoir :

La poire d'Angleterre ;

La poire Bosc, en forme de calebasse ;

La poire Belle-Alliance, plus ramassée;

Et la poire Cirole, variété du Sauger.

Il choisit les fruits et sema les pépins dans un même sol et dans des conditions aussi semblables que possible. Peut-être exigerait-on aujourd'hui davantage : je veux dire le choix de graines empruntées à un arbre isolé de toute autre variété, susceptible de concourir à sa fécondation. Mais le caractère bien déterminé des fruits qui avaient fourni les semences pouvait être jugé comme offrant de sérieuses garanties à cet égard.

Quoi qu'il en soit, les graines levèrent l'année même; à l'exception des pépins de la poire d'Angleterre, qui n'ont germé que l'année suivante, sans cause connue.

La plupart des jeunes plants ne fructifièrent pas. Mais il s'en développa un nombre suffisant pour que l'expérience pût donner ses résultats. Elle a été continuée pendant dix ans ; et elle l'aurait été plus longtemps. si une décision ministérielle, rendue en 1867, n'avait exigé la transplantation des pieds subsistant et amené la regrettable terminaison de cette étude. Je ne sais d'ailleurs si la patience et la vie même des opérateurs auraient suffi pour la poursuivre pendant un quart de siècle. Or, il ne faut guère compter sur ses successeurs, pour continuer une œuvre dirigée par des vues personnelles.

Quoi qu'il en soit, voici les résultats constatés au bout de dix années.

Avec les semis de la poire d'Angleterre, on a obtenu neuf arbres fructifères ; les neuf formes différaient entre elles et différaient de la forme mère, au même degré que les anciennes variétés. Ainsi l'une des formes nouvelles des fruits était celle d'une poire d'hiver, semblable à la poire Saint-Germain ; une autre, en forme de pomme, était pareille à la Belle-Alliance.

Avec les semis de la poire Bosc, on a obtenu plusieurs nouveaux fruits, différents du type semé, et dont l'un était semblable à une variété obtenue d'autre part avec le poirier Sauger.

La Belle-Alliance a fourni neuf variétés nouvelles, dont aucune ne reproduisait la forme mère, ni par l'apparence, ni par la grosseur, qui était plus que double pour l'une d'elles, ni par le coloris, ni par l'époque de la maturité.

Enfin les semis du Cirole Sauger ont produit quatre arbres, et chaque fruit avait une forme différente, dont l'une verte et ovoïde ; une seconde, ramassée, maliforme, rouge et verte : une troisième déprimée, verte, teintée de brun ; une dernière piriforme, jaune, deux fois aussi grosse que les précédentes.

On voit combien l'aventure fut étrange. Dans cette expérience faite d'après les règles et en conformité avec la définition classique de l'espèce, aucun résultat ne répondit pourtant à cette définition : dans aucun cas, on n'obtint la continuité morphologique des caractères particuliers des divers types de la plante et du fruit.

On pourrait objecter que cette continuité est assurée au contraire par la greffe, procédé connu depuis le temps des Baby-

Ioniens. La greffe constitue en effet un mode spécial de propagation, par implantation d'un bourgeon ou d'un rameau, détaché d'une plante déjà constituée, sur un arbre vivant, envisagé comme milieu spécialement favorable à la nutrition des plantes similaires. Greffe, bouture, repiquage des rejetons et des stolons, sont des procédés analogues, propres à conserver et à propager les variétés existantes; ils dérivent au fond de la scissiparité.

Mais ce ne sont pas des procédés fondés sur la génération proprement dite : aussi n'ont-ils jamais été envisagés comme propres à définir l'espèce.

En définitive, la seule conclusion légitime de cette grande expérience de Decaisne, c'est que les poiriers soumis à son étude, sinon même tous les poiriers du genre, appartiendraient à un type unique, quoique polymorphe.

Cependant ce polymorphisme dans la transmission par génération, sans retour nécessaire à la forme ensemencée, n'est-il pas la négation de la définition ordinaire de l'espèce? On suppose que les limites mêmes des variations devraient être constatées dans des expériences plus prolongées, telles que la nature les réalise pendant le cours des siècles, grâce aux diversités des terrains et des climats; mais demeureraient-elles enfermées dans les bornes déjà fort étendues de celles-ci? L'étude de la Géographie Botanique fournirait sans doute ici de nouveaux documents; je ne sais si l'on a jamais recueilli avec méthode ceux qui concernent le genre *Pirus*. Quoi qu'il en soit, Decaisne, dans son expérience, ne se proposait pas d'étudier, remarquons-le bien, ces variations lentes, produites par le temps et la modification progressive des conditions de l'existence d'un type, en apparence constant et susceptible de se transmettre d'ordinaire sans changement sensible d'une génération à l'autre, tant qu'il ne serait pas modifié par la pression continuellement exercée d'une condition prépondérante.

Or, les faits actuels ne rentrent pas dans une semblable caractéristique. Toute transformation, dira-t-on, n'est pas réputée s'exercer uniquement par des degrés minimes et successifs : on conçoit qu'il puisse y avoir des passages lents et des sauts brusques. Mais, dans l'expérience de Decaisne, disons-le encore, il ne s'agit pas de ces variétés qui, produites en une fois et par quelque accident, se perpétueraient ensuite avec la même stabilité que le type primitif. Il ne s'agit pas non plus de ces variétés, telles qu'il en existerait une qui l'emporterait sur les autres dans la lutte pour l'existence, et dont la permanence serait déterminée par celle des conditions actuelles. Même avant d'avoir terminé ses observations, Decaisne n'admettait pas que de telles hypothèses eussent reçu un commencement de démonstration. Il écrivait à ce sujet à son ami Thuret, en 1868 : « Je voudrais voir cela de mes yeux. Si la nature n'a pas employé d'autre procédé pour façonner le monde actuel, il ne doit pas être difficile de la prendre sur lefait. »

La nature prise sur le fait par notre confrère donnait une réponse toute différente : les conceptions développées avec une conviction si persuasive par Darwin, et appuyées par lui de tant d'observations originales, ne paraissent donc pas applicables à l'expérience de Decaisne sur les Poiriers. Faut-il supposer que chaque poirier existant actuellement constitue un métis complexe, susceptible de produire à la fois une multitude de semences, correspondant chacune à quelqu'un des types simples et disparus, dont il dériverait par une série d'hybridations séculaires? C'est là une conjecture bien compliquée et bien arbitraire. S'il fallait, à toute force, proposer ici une hypothèse, peut-être la préférable serait-elle celle de quelque variation brusque et irrégulière d'un type instable, au moment de la fécondation ; variation à laquelle la plupart des espèces étudiées jusqu'ici résisteraient d'ordinaire ; tandisque les ovules des *Pirus*, plus plastiques à ce moment, en offriraient l'exemple et la démonstration.

Ce problème de l'évolution des êtres vivants, propagés et multipliés par voie de génération, a de tout temps séduit les esprits philosophiques; mais aucun système jusqu'ici n'a réussi à en donner de solution suffisamment vraisemblable. Si la fixité des espèces dans le passé paraît inconciliable avec les observations de la géologie, il n'est pas moins évident pour tous les esprits désintéressés que les expériences faites sur les êtres actuels n'ont jamais fait jusqu'ici que fournir des aperçus insuffisants et mettre en évidence des complications inattendues.

L'hypothèse des créations successives est d'ordre théologique et étrangère à la science; celle des époques alternatives de repos et d'activité de la terre, pendant lesquelles les forces secrètes de la nature interviendraient par à-coup, rappelle les vieilles théories du moyen âge sur les qualités occultes. Sans doute, la science doit toujours réserver l'influence des causes inconnues; mais elle ne saurait appuyer sur elles ses explications. Quant à la coexistence supposée de toutes les espèces actuelles avec les espèces éteintes, depuis l'origine des êtres vivants sur la terre, elle ne repose sur aucun fait et semble au contraire réfutée par les constatations des géologues. Mais si l'éternité des espèces paraît insoutenable, leur variabilité n'a point été expliquée, ni même établie, d'une façon irréfutable. Le lien génétique qui doit rattacher les unes aux autres ces formes successives demeure donc obscur et non démontré.

On pourrait invoquer ici, à côté de l'histoire géologique, l'histoire de l'humanité. Les nations ne sont pas plus stables que les espèces, à la surface de la terre. Le monde minéral seul est invariable dans ses formes, tandis que le monde vivant change à la longue, avec le cours des générations qui se succèdent. Chaque peuple, comme chaque espèce, semble obéir à un principe intérieur d'évolution, modifié par l'action du milieu extérieur. Mais son énergie spécifique s'épuise avec les siècles. Tantôt les types anciens disparaissent entièrement; tantôt ils sont modifiés par le métissage, en devenant l'origine de types nouveaux de nations. Toutefois, nous ne possédons pas des documents aussi sûrs pour établir la continuité des espèces végétales et animales, actuellement existantes, avec les espèces différentes qui ont vécu autrefois, et nous sommes hors d'état d'assigner avec certitude les causes véritables et efficientes des changements accomplis.

Sans doute, l'influence des milieux pour modifier les caractères anatomiques, aussi bien que les qualités morales des êtres vivants, est incontestable; sans doute, le métissage a pu être invoqué à juste titre par plus d'un savant, dans l'explication de leurs variations : l'hybridation, sur laquelle les travaux de Naudin ont jeté tant de lumière, y entre pour une forte part; mais tous les efforts pour pénétrer le mécanisme même de ces variations sont demeurés impuissants. Ni la production des monstruosités, faits pathologiques, qui ne se transmettent guère par hérédité; ni la découverte des générations alternantes; ni l'intervention du polymorphisme, si fréquent chez les êtres inférieurs; bref, aucun ordre de phénomènes, envisagé comme la cause radicale et l'agent essentiel de la variation des espèces, n'a résisté jusqu'à présent à la critique des faits : aucun n'a pu fournir les éléments complets d'une théorie inébranlable.

Mais les faits ne sont pas infirmés par l'insuffisance des théories, et nous devons nous hâter d'ajouter qu'il est devenu impossible de maintenir d'une façon absolue la vieille opinion de la transmission héréditaire indéfinie des caractères de l'espèce; le type étant supposé se reproduire sans cesse par ce qu'on appelle la force ancestrale, en dépit de l'action du milieu extérieur, du temps et du métissage, jusqu'au jour où l'énergie première inhérente à ce type spécifique, se trouvant épuisée par le cours des siècles, toutes les formes anciennes disparaîtraient sans retour. L'hypothèse d'une semblable virtualité nous ramènerait à la grossière idée de l'emboîtement indéfini des germes.

Il ne convient pas de pousser plus loin cette discussion; mais j'ai dû l'indiquer pour montrer quels problèmes soulève la longue et méthodique expérience faite sur l'ensemencement des Poiriers; elle représente le point culminant de la carrière de Decaisne, l'œuvre réfléchie de sa maturité. Nous allons maintenant abandonner ces hautes questions théoriques, qui l'avaient si longtemps occupé, pour achever le tableau de l'existence de notre confrère.

VII

La fin de la vie de Decaisne, consacrée au travail, fut de plus
en plus attristée par les douleurs de la patrie, par la perte de ses
amis et par l'affaiblissement graduel de ses forces et de sa santé.

Tout d'abord, la funeste année 1870 le frappa au cœur. Il y
fit courageusement son devoir, comme tous les hommes de
science. Pendant le siège de Paris, il demeura à son poste,
fidèle aux intérêts qui lui étaient confiés, et l'année 1871, à
son début, le trouva malade et fatigué, accablé par la catas-
trophe de la France. Les désastres particuliers du Muséum s'y
joignirent à ce moment : le bombardement de l'armée alle-
mande effondra les serres vitrées et fit périr par la destruction
de leurs abris les précieuses collections qu'elles renfermaient.
Pendant ce temps, Decaisne n'émigra pas vers d'autres quartiers
moins éprouvés ; il demeura toujours présent, vivant sous la
terre, dans les caves situées au-dessous des serres, avec les
employés dont il entretenait le courage et partageait les dan-
gers ; s'efforçant à chaque accalmie des obus de réparer les
vitrages, pour s'opposer à l'invasion du froid, jusqu'au moment
où le nombre des vitres brisées à chaque instant triompha
de tous les efforts des savants désespérés.

Après le premier siège, vint le second, plus cruel encore
pour les bons Français. Decaisne dut subir les perquisitions
des gardes nationaux de la Commune, prétendant chercher
chez lui des jeunes gens qu'il y aurait cachés.

Cependant la vieillesse était arrivée et la robuste constitution
de Decaisne commençait à fléchir. Sans doute, lorsqu'il disait
à un ami en 1853 : « Je ne crois pas faire de vieux os, » c'était
la crainte, l'illusion qui atteint bien des gens au premier ébran-
lement de leur santé. Même en 1866, lorsqu'il écrivait avec
plus de tristesse : « Les travaux prolongés ne conviennent
plus à mon âge. Mais qu'y faire ? Je ne puis m'arrêter ; ma vie
est liée à plus d'une existence. Je dois aller de l'avant, sous
peine de voir les autres se croiser les bras et manquer de tra-

vail. » Ces craintes étaient prématurées : pendant dix ans encore Decaisne conserva son activité. Mais sa santé se trouva alors atteinte d'une façon plus profonde. Les coups les plus sensibles lui furent portés d'abord par la mort de ses amis. En 1870, il avait perdu Léveillé; G. Thuret, avec qui il était lié d'une si vive affection depuis plus de trente-cinq années, mourut en 1875. En 1876, ce fut le tour de Brongniart; puis vint Le Maout; puis Thiers, avec lequel il avait eu de sympathiques relations; puis le botaniste allemand Al. Braun, en 1877.

C'est ainsi que chacun de nous se trouve peu à peu frappé dans ses affections les plus intimes, et demeure isolé de tous ceux qui l'ont connu et aimé, de ceux qui ont partagé ses sentiments et ses sympathies : il reste solitaire et désormais incompris des nouvelles générations. De telles douleurs attendent tous ceux qui ne meurent pas à temps. Decaisne, si tendre pour ses amis, devait les ressentir plus que personne.

Dès 1873, il avait été obligé de confier une partie de son cours à ses élèves, à Dehérain d'abord, plus tard à Vesque. En 1878, l'affaiblissement de sa santé se fit sentir d'une façon plus pressante. On le rencontrait encore dans les jardins du Muséum, où il avait vécu près de soixante ans ; mais ce n'était plus le marcheur infatigable d'autrefois. Il restait le plus souvent assis sur un banc, causant avec la bonne grâce et l'enjouement d'un homme qui a toujours rempli son devoir et n'a jamais fait le mal volontairement. Il mourut à l'âge de 75 ans, le 8 février 1882, laissant le souvenir d'un savant illustre et d'un homme de bien. S'il n'a fondé aucune école doctrinaire systématique, il n'en a pas moins formé des élèves, qui ont marqué et marquent aujourd'hui dans sa science de prédilection. S'il est demeuré attaché, avec une modestie timide, à des idées qui ont perdu une partie de leur crédit, il n'a pas cependant méconnu les grands problèmes de la vie; il a dirigé ses efforts vers leur solution, avec un sincère et invariable amour de la vérité, et nul ne saurait méconnaître l'importance de la pierre qu'il a apportée à l'édifice.

LISTE DES TRAVAUX PUBLIÉS

Par J. DECAISNE

(1831-1882)

1831. Sur les caractères spécifiques des *Herniaria* de la flore française (*Ann. des sc. nat.*, t. XXII, p. 97-101).

1833. Note sur un nouveau genre de Chicoracées recueilli dans l'île de Juan-Fernandez (*Archives de bot.*, t. I, p. 509-520).

1834. Monographie des genres *Balbisia* et *Robinsonia* de la famille des Composées (*Ann. des sc. nat.*, 2º série, t. I, p. 16).

— Enumération des plantes recueillies par M. Bové dans les deux Arabies, la Palestine, la Syrie et l'Egypte (*Ann. des sc. nat.*, 2º série, t. II, p. 5-18 ; t. III, p. 257); t. IV (1835), p. 343 ; t. V, p. 120, 239, 257; t. XI, p. 309).

— Herbarii Timorensis Descriptio (Mémoire dont l'Académie des sciences a décidé l'insertion au *Recueil des savants étrangers*) (*Nouvelles Ann. du Muséum*, t. III, p. 333).

1834. Observations sur la flore du Japon (en collaboration avec M. Morren). Trois notices (*Ann. des sc. nat.*, 2º série, t. II, p. 308 et 347).

— Sur quelques plantes du Japon (en collaboration avec M. Morren) (*Bull. de l'Acad. des sc. de Bruxelles*, t. III, p. 168).

— Monographie du genre *Epimedium* (en collaboration avec M. Morren) (*Ann. des sc. nat.*, 2º série). t. II, p. 352).

1835. Observations sur quelques genres et espèces de plantes de l'Arabie Heureuse (*ibid.*, 2º série, t. IV, p. 65).

— Notice sur quelques plantes de la flore d'Egypte (*ibid.*, 2º série. t. IV, p. 195).

1836. *Bouqueria*, novum Plantaginearum genus (*ibid.*, 2º série, t. V, p. 132).

— Remarques sur les affinités du genre *Helwingia*, et établissement de la famille des Helwingiacées (*ibid.*, 2º série, t. VI, p. 65).

1837. Recherches anatomiques et physiologiques sur la Garance, sur le développement de la matière colorante dans cette plante, sur sa culture et sa préparation (*Mémoires couronnés par l'Acad. des sc. de Bruxelles*, t. XII, 1837).

— Mémoire sur la famille des Lardizabalées, précédé de remarques sur l'anatomie de quelques tiges de végétaux dicotylédonés (Mémoire dont l'Académie des sciences a décidé l'insertion au *Recueil des savants étrangers*) *Comptes rendus*, t. V, p. 392, 1837, et t. VII, p. 479, 1838 ; — *Ann. des sc. nat.*, 2º série, t. XII. p. 99, 1839 ; — *Archives du Muséum*, t. I, p. 143, 1839).

1838. Etudes sur quelques genres et espèces de la famille des Asclépiadées (*Ann. des sc. nat.*, 2º série, t. IX, p. 257 et 321).

— Note sur la structure des racines chez certains végétaux (*Comptes rendus*, t. VI, p. 325).

— Recherches sur l'organisation de la Betterave (*ibid.*, t. VII, p. 944. et t. VIII, p. 46).

1839. Recherches anatomiques et physiologiques sur le développement du pollen, de l'ovule et sur la structure des tiges de Gui (Mémoire dont l'Académie des sciences a décidé l'insertion au *Recueil des savants étrangers*) (*Bulletin de l'Acad. des sc. de Bruxelles*, t. VI, p. 201, 1839 ; *Comptes rendus*, t. VIII, p. 201, 1839 ; — *Nouveaux Mémoires de l'Acad. des sc. de Bruxelles*, t. XIII, 1841).

1839. Observations additionnelles sur l'ovule du *Santalum album* (*Ann. des sc. nat.*, 2e série, t. XI, p. 114).

— Note sur le genre *Amansia* (*ibid.*, 2e série, t. XI, p. 373).

— Addition à la note sur les *Amansia* (*ibid.*, t. XII, p. 125.)

— Sur la structure des poils qui couvrent le péricarpe de certaines Composées (*ibid.*, 2e série, t. XII, p. 251).

— Sur les affinités et la place que doivent occuper les genres *Pseudanthus* et *Grubbia* (*Ann. des sc. nat.*, 2e série, t. XII, p. 155).

1839. Recherches anatomiques sur la Betterave à sucre, in-8°. Paris, 1839.

1840. Sur les caractères de quelques Thalassiophytes (*Bulletin de l'Acad. des sc. de Bruxelles*, t. VII, p. 409).

1841. Note sur les genres *Astilbe* et *Boleia* (*Ann. des sc. nat.*, 2e série, t. XV, p. 35).

— Sur la place que doivent occuper les Corallinées (*Bulletin de l'Acad. des sc. de Bruxelles*, t. VIII, p. 463).

— Plantes de l'Arabie Heureuse récoltées par M. Botta. Première partie, comprenant les Algues, les Fougères et les Lycopodiacées (*Archives du Muséum*, t. II, p. 89).

1842. Essai sur une classification des Algues et des Polypiers calcifères (*Ann. des sc. nat.*, 2e série, t. XVII, p. 297).

— Mémoire sur les Corallines et les Polypiers calcifères (*ibid.*, 2e série, t. XVIII, p. 96).

1843. Description des genres *Drimyspermum*, *Pseudais* et *Gyrinopsis* du groupe des Aquilariées (*ibid.*, 2e série, t. XIX, p. 35).

1844. Note sur quelques Algues à frondes réticulées (*ibid.*, 3e série, t. II, p. 233).

1841. Monographie des Asclépiadées (De Candolle, *Prodromus regni vegetabilis*, t. VIII, p. 490).

1845. Recherches sur les anthéridies et les spores de quelques *Fucus* (en collaboration avec Thuret) (*Ann. des sc. nat.*, 3e série, t. III, p. 5).

— *Gymnotheca*, genus novum e Saururearum familia (*ibid.*, 3e série, t. III, p. 100).

— Description d'un nouveau genre de plantes (*Goudotia*) croissant sur les parties les plus élevées du mont Tolima (*ibid.*, 3e série, t. IV, p. 83).

— Influence de l'alimentation sur l'économie (*Bulletin de la Soc. médicale*, t. XI, p. 104).

— Mémoire sur le *Diplosiphon* (*Mémoires de la Soc. des sc. de Liège*, t. II, p. 217).

— Recherches sur la Ramie, nouvelle plante textile (*Journal d'agriculture pratique*, 1845, et *Revue botanique*, t. I, p. 90, 1846).

1846. Sur la structure anatomique de la Cuscute et du *Cassytha* (*Ann. des sc. nat.*, 3e série, t. V, p. 207).

— *Plantæ asiaticæ* quas in India collegit V. Jacquemont, in-4°. Paris, Didot. Commencé par Cambessèdes, ce grand ouvrage a été terminé par M. Decaisne, qui en a publié 120 planches.

— Remarque sur le sous-ordre des Charianthées (*Ann. des sc. nat.*, 3e série, t. V, p. 312).

— Note sur des plantes nouvelles recueillies dans l'intérieur de l'Afrique australe (*Revue botanique*, t. I, p. 515).

— Note sur le climat qu'habite le *Cedrus Deodora* et sur sa végétation (*Revue horticole*, 1846, p. 42).

1846. Monographie du genre *Pentarhaphia*, et description d'un nouveau genre (*Duchartrea*) de la famille des Gesnériacées (*Ann. des sc. nat.*, 3e série, t. VI, p. 96).

— De la maladie de la Pomme de terre (*Revue horticole*, 1846, p. 356).

1846. Histoire de la maladie des
Pommes de terre en 1845. Paris,
1846, in-8° de 126 pages.
— Destruction de la Pyrale (*Revue
horticole*, 1846, p. 53).
— Une visite au jardin des Tuileries
(*ibid.*, 1846, p. 107).
— Notice sur l'établissement horticole de M. L. Van Houtte (*ibid*,
1846, p. 201).
— Sur une prétendue manne tombée
du ciel (*ibid.*, 1846. p. 250).
1847. Description du *Bouvardia flava*
(*Flore des serres et des jardins
de l'Europe*, t. I, p. 215).
— Sur le parasitisme des Rhinan-
thacées (*Ann. des sc. nat.*,
3e série, t. VII, p. 5).
— Note sur le genre *Abelia* (*Flore
des serres et des jardins de
l'Europe*, t. II, janvier 1846,
pl. IV).
— De l'action des gelées tardives
sur quelques végétaux à feuilles
persistantes (*Revue horticole*,
1847, p. 266).
— Phénomènes périodiques que pré-
sentent les végétaux (*ibid.*
p. 288).
— *Stiflia chrysantha* (*ibid.* p. 241).
— *Abelia floribunda*, p. 301. —
Pentarhaphia cubensis et Gesnériacées nouvelles, p. 331. —
Geranium ibericum, p. 401. —
Sobralia bletioides, p. 421.
1848. Note sur le *Rhizoctonia* (*ibid.*,
1848, p. 30). — *Tourretia lap-
pacea*, p. 81. — *Monochætum
pulchrum*, p. 101. — *Arundina-
ria falcata*, p. 126. — *Cyrtan-
thera Ghiesbreghtiana*, p. 161.
— *Aquilegia jucunda*, p. 181.
— Sur les causes qui limitent les
espèces végétales du côté du
nord (*ibid.*, p. 152).
— Sur les plantations de la ville de
Paris (*ibid.* p. 159).
— Effet du sulfate de fer sur les
plantes chlorosées (*ibid.*, p. 221).
— *Kennedya nigricans* (*ibid.*, p. 321).
— *Lobelia Ghiesbreghtii*, p. 341.
— *Platycodon autumnale*, p. 361.
— *Linum grandiflorum*, p. 401.
— *Centropogon glandulosum*,
p. 421. — *Ullucus tuberosus*,
p. 441. — *Houttea pardina*,
p. 461.

1849. Note sur quelques végétaux à
introduire dans nos cultures
(*ibid.*, 1848, p. 449).
— Description du nouveau genre
Lepinia, de la famille des Apo-
cynées (*Ann. des sc. nat.*,
3e série, t. XII, p. 192).
— Mémoire sur les greffes (*Revue
horticole*, 1849, p. 68).
— *Wahlenbergia vincæflora* (*ibid.*
p. 4). — *Fagræa zeylanica*, p. 81.
— *Canna limbata*, p. 121. —
Gaultheria coccinea, p. 181. —
— Rectifications dans la nomencla-
ture de quelques plantes cultivées (*ibid.*, p. 92).
— Sur l'introduction des végétaux
utiles (*ibid.* p. 147).
— *Enkyanthus quinqueflorus* (*ibid.*,
p. 221). — *Campanea gran-
diflora*, p. 241. — *Salpiglossis
sinuata*, p. 361. — *Mitraria
coccinea*, p. 441.
— Sur la Fraise merveille Pelé
(*Revue horticole*, p. 341).
1850. Caractères du nouveau genre
Pelvetia, de la famille des
Algues (en collaboration avec
Thuret) (*Ann. des sc. nat.*,
3e série, t. XVI, p. 242). Épiso-
diquement dans le Mémoire de
Gustave Thuret sur les zoos-
pores des Algues.
— Rapport relatif à la conservation
des plantes pour herbiers
(*Revue horticole*, 1850, p. 56).
— Boîte à exposer les fleurs coupées
(*ibid.* p. 354).
— *Disophylla étoilé* (*ibid.*, p 281). —
Chrysolemis aurantiaca, p. 381.
— Prune Jefferson et reine
Claude rouge de Van Mons,
p. 424.
— Sur l'approvisionnement de Paris
(*ibid.*, p. 457).
1851. *Bouvardia leiantha* (*ibid.*, 1851,
p. 81). — *Brachycome iberidi-
folia*, p. 181. — *Nycterinia
capensis*, p. 221. — *Mimulus
variegatus*, p. 261. — *Sapona-
ria calabrica*, p. 281. — *Maclea-
nia coccinea*, p. 301. — *Schizan-
thus retusus*, p. 321.
— Sur la floraison du *Nelumbium
speciosum* (*ibid.*, p. 322). —
Malva moschata var. *alba*,
p. 381. — *Plox Drummondii*,
p. 401.

1851. Arbrisseaux de la Chine récemment introduits au Muséum (*ibid.*, p. 405). — *Linaria vulgaris* et sa pélorie, p. 433. — *Aconitum japonicum*, p. 473.

1852. *Anemone elegans* (*ibid.*, 1852, p. 41). — *Perilla nankinensis*, p. 61. — *Anemone japonica*, p. 101. — *Sarracenia flava*, p. 121. — *Aster Reversii*, p. 181. — *Jasminum nudiflorum*, p. 201. — Pêcher à fleurs doubles, p. 221. — *Amygdalus nana*, p. 241. — *Russelia sarmentosa*, p. 281. — *Prunus japonica*, p. 301.

— Sur une organisation nouvelle des jardins botaniques (*ibid.*, p. 364).

— Sur la culture du *Bouvardia triphylla* (*ibid.*, p. 322). — *Clematis eriostemon*, p. 341. — *Philadelphus mexicanus*, p. 364. — *Swainsonia Greyana*, p. 421. — *Lapageria alba*, p. 441.

— Note sur le *Veronica Andersoni* (*ibid.*, p. 424).

— Note sur le Rosier île Bourbon (*ibid.*, p. 455).

— Monographie des Plantaginées (De Candolle, *Prodromus regni vegetabilis*, t. XIII, p. 693).

1853. Sur la Rose *Gloire de Parthenay* Flore des serres, t. IX).

— Emploi du collodion en jardinage (*ibid.*, p. 15).

— *Salvia ianthina* (*ibid.*, p. 75). *Gesneria Donckelaariana*, p. 119.

— Sur le *Coleus Blumei* (*Revue horticole*, 1853, p. 22).

— Sur le *Cedrus atlantica* et le *Cedrus Libani* (*ibid.*, p. 41).

— *Rogiera latifolia* (*Revue horticole*, p. 121). — *Akebia quinata*, p. 141 (*Flore des serres*, t. IX, p. 120). — *Acacia discolor*, p. 161. — *Centropogon fastuosus*, p. 180.

— Enumération des diverses espèces de Houx cultivées dans les jardins de l'Europe en 1853 (*ibid.*, p. 183).

— Note sur le *Libocedrus tetragona* (*ibid.*, p. 480).

— Destruction du Puceron lanigère (*ibid.*, p. 228).

— *Lundia acuminata* (*ibid.*, p. 221). *Gyrinopsis uniserialis*, p. 261.

— *Prunus incana*, p. 281. — *Napoleana Whitfieldii*, p. 301.

1853. Sur la mutilation des arbres des Tuileries (*ibid.*, p. 314).

— Sur l'Oca rouge et le *Tropæolum tuberosum* (*ibid.*, p. 341).

— Sur deux Roses nouvelles (*ibid.*, p. 341).

— De quelques tubercules alimentaires (*ibid.*, p. 383).

— *Ipomæa digitata* (*ibid.*, p. 381). — *Cooperia pedunculata*, p. 401. — Framboise Victoria, p. 461.

— Sur la Monographie des Mélastomacées par M. Ch. Naudin (*ibid.*, p. 257).

1854. Sur quelques Conifères gigantesques de Californie (*Bull. de la Soc. bot.*, I, p. 70).

— Notice historique sur Adrien de Jussieu (*ibid.*, p. 386).

— *Psammisia penduliflora* (*Revue horticole*, 1854, p. 5). — *Salvia ianthina*, p. 61 (*Flore des serres*, IX). — *Lindleya mespiloides*, p. 81.

— Esquisse d'une monographie des Araliacées (en collaboration avec J.-E. Planchon) (*ibid.*, p. 104).

— *Cunonia capensis* (*ibid.*, p. 141). — *Gomphrena coccinea*, p. 161. — *Psammisia sarcantha*, p. 181. — *Sophora secundiflora*, p. 201. — *Lopezia longiflora*, p. 221. — *Rhododendron amœnum*, p. 241.

— Culture du *Solanum verrucosum* (*ibid.*, p. 184).

— Sur l'Igname Batate (*ibid.*, p. 243).

— *Aristolochia lineata* (*ibid.*, p. 281). — *Salvia porphyrantha*, p. 301. — *Kunzea Schoneri*, p. 381. — Poire Briffault, p. 401. — *Lepachys columnaris*, p. 421. — *Dioscorea Batatas*, p. 443.

1855. Sur les recherches de M. Ch. Naudin relatives à la fécondation (*Bull. de la Soc. bot.*, II, p. 734).

— Note sur le *Dioscorea Batatas* (*Comptes rendus*, t. XL, p. 77).

— Flore élémentaire des jardins et des champs (en collaboration avec M. Le Maout), 2 vol. in-12. Paris, Dusacq, 1855.

— Sur le *Sequoia gigantea* et le *Sequoia sempervirens* (*Revue horticole*, 1855, p. 9).

1855. *Rubus biflorus* (*ibid.*, p. 1). — *Cyclamen hederœfolium*, p. 21. — *Rhododendron Aucklandi*, p. 81. — *Impatiens Jerdoniæ*. p. 101. — *Zebrina pendula*. p. 141.

— Remarques au sujet du *Dioscorea Batatas* (*ibid.*, p. 69).

— Destruction de l'Eumolpe ou Ecrivain (*ibid.*, p. 97).

— Recherches sur la Ramie (*ibid.*, p. 162).

— *Senecio Chaussenii* (*Revue horticole*, p. 181). — *Rhododendron glaucum*, p. 201. — *Nymphæa stellata*, p. 261. — *Calanthe Sieboldii*, p. 381.

— Notice au sujet de quelques Broméliacées (*ibid.*, p. 241).

— Sur la floraison de l'*Amherstia nobilis* en Angleterre (*ibid.*, p. 377)

— Nouvelles espèces de Conifères découvertes en Californie (*ibid.*, p. 378).

— Note sur l'Orange à trois faces (*ibid.*, p. 385).

1856. Sur les résultats des études de M. Ch. Naudin relatives à la famille des Cucurbitacées (*Bull. de la Soc. bot.*, t. III, p. 36).

1857. Note sur l'organogénie florale du Poirier, précédée de quelques considérations sur la valeur de certains caractères spécifiques (*ibid.*, t. IV, p. 338).

— Sur les vrilles des Cucurbitacées (*ibid.*, t. IV).

— Sur une prétendue étamine de *Cœlebogyne* (*ibid.*, t. IV).

— Note sur les deux espèces de Nerprun (*Rhamnus chlorophorus* et *Rh. utilis*) qui fournissent le vert de Chine (*Comptes rendus*, t. XL, p. 1140).

— *Tanacetum elegans* (*Flore des serres*, t. XII, p. 19). — *Achimenes amabilis*, p. 21. — *Hæmanthus cinnabarinus*, p. 27.)

1858. Description du nouveau genre *Ephippiandra*, de la famille des Monimiacées (*Ann. des sc. nat.*, 4e série, t. IX, p. 278).

— Note sur la stérilité habituelle de quelques espèces (*Bull. de la Soc. bot.*, t. V, p. 159).

— Production d'un tissu anomal dans le *Cactus pycnoxiphus* (*ibid.*, p. 213).

1858. Sur le genre *Egotoxicum* (*ibid.*, p. 214).

— Le Jardin fruitier du Muséum, ou Iconographie de toutes les espèces et variétés d'arbres fruitiers cultivés dans cet établissement. avec leur description. leur histoire, leur synonymie. In 4°, avec planches, 1858-1872.

1859. Sur l'hybridation des *Ægilops* (*Bull. de la Soc. bot.*, t. VI, p. 220).

— Sur deux nouveaux mémoires de M. Ch. Naudin relatifs à quelques hybrides et aux espèces du genre *Cucumis* (*ibid.*, t. VI).

1860. Lettre à M. Chaboisseau et observations sur les caractères spécifiques (*ibid.*, t. VII, p. 261).

— Lettre à M. de Bunge : conseils pour son voyage en Perse (*ibid.*, t. VII).

— Analyse du mémoire de M. Ch. Naudin sur les Cucurbitacées et observations sur les caractères spécifiques (*ibid.*, t. VII).

1861. Transmutation of Grasses (*Ann. of nat. History*, t. VIII, p. 271).

— Sur les prétendues mutations des espèces (*Revue horticole*, 1861, p. 381).

— Rapport fait à l'Académie des sciences sur un mémoire de M. Weddell relatif au *Cynomorium coccineum* (*Ann. des sc. nat.*, 4e série, 1861).

1862. Manuel de l'amateur des jardins, traité général d'horticulture (en collaboration avec M. Ch. Naudin), 4 vol. in-12. Paris, Didot, 1862.

— Sur les variations de quelques types spécifiques (*Bull. de la Soc. bot.*, t. IX).

1863. De la variabilité dans l'espèce du Poirier ; résultat d'expériences faites au Muséum d'histoire naturelle de 1853 à 1862 inclusivement (*Ann. des sc. nat*, 4e série, t. XX, p. 188; *Comptes rendus*, t. LVII, p. 6 ; *Revue horticole*, 1863, p. 264).

1864. Sur les hybrides de *Papaver* (*Bull. de la Soc. bot.*, t. XI, p. 367).

1865. Revue du groupe des Pédalinées (*Ann. des sc. nat.*, 5e série, t. III, p. 329).

1866. Introduction et culture des arbres
à quinquina à Java et dans
l'Inde (*Comptes rendus*, t. LXII,
p. 722).

1868. Traité général de Botanique
descriptive et analytique (en
collaboration avec M. Le Maout.)
In-4°, Paris. Didot, 1re édit.
1868; 2e édit., 1876.

1869. *Cochliostema Jacobinianum* (*Flore
des serres*, t. XVIII. p. 33). —
Xanthoceras sorbifolia (*ibid.*,
p. 123).

1870. Sur le genre *Zamiorycas*, et description d'une espèce nouvelle
(*Bull. de la Soc. bot.*, t. XVII,
p. 320).

— Description de trois Asclépiadées
nouvelles cultivées au Muséum
(*Ann. des sc. nat.*, 5e série,
t. XIII, p. 404).

— Discours prononcé aux funérailles
de M. Léveillé (*Bull. de la Soc.
bot.*, t. XVII).

1873. Sur les espèces du genre *Eryn-
gium* à feuilles parallélinerves
(*Bull. de la Soc. bot.*, t. XX.
p. 19).

— Sur trois espèces d'*Hydnora* (*ibid.*,
p. 75).

— Allocution sur A. Lasègue (*ibid.*,
t. XX).

— Notice nécrologique sur Claude
Gay (*ibid.*, t. XX).

— Caractères et descriptions de trois
genres nouveaux (*Ostryopsis,
Comptotheca, Berneuxia*) de
plantes recueillies en Chine par
M. l'abbé Armand David (*ibid.*,
t. XX, p. 115).

— Études sur les Iridées (*ibid.*,
t. XX).

1874. Mémoire sur la famille des Pomacées (*Nouvelles Archives du
Muséum*, t. X, p. 113).

1876. Discours prononcé aux funérailles
de Ad. Brongniart (*Bull. de la
Soc. bot.*, t. XXIII).

1877. Décade de plantes nouvelles ou
peu communes (*Clematis, Pachira,
Eriodendron, Cotoneaster, Rhododendron, Clethra*) (*Flore des
serres*, t. XXII, p. 161).

— Note sur quelques plantes du
groupe des Théophrastées (*Ann.
des sc. nat.*, 6e série, t. III,
p. 138).

— *Syringa persica* et *Syringa chi-
nensis* (*Flore des serres*, t. XXII,
p. 217).

1879. Monographie des genres *Ligus-
trum* et *Syringa* (*Nouvelles
Archives du Muséum*, 2e série,
t. II, 1879).

— *Syringa persica* et *Syringa vulgaris*. — Lettre à M. P. Duchartre (*Flore des serres*,
t. XXII, p. 247).

1880. Note sur le *Gallonia* (*Flore des
serres*, t. XXIII, p. 32).

— Examen des espèces des genres
Bombax et *Pachira* (*ibid.*,
t. XXIII. p. 43).

1881. Recherches sur l'origine de
quelques-unes de nos plantes
alimentaires ou d'ornement,
Helianthus annuus et *H. tuberosus* (*ibid.*, t. XXIII. p. 107).

— Réponse aux critiques de M. Th-
Wenzig, relativement à mon
mémoire sur les Pomacées
(*ibid.*, t. XXIII, p. 152).

— Du Poirier et du cidre (*ibid.*,
t. XXIII, p. 221).

1882. Révision des Clématites du groupe
des *Tubulosæ* (*Nouvelles Archives du Muséum*) (*Flore des
serres*, t. XXIII, p. 275). (Ce
mémoire a été publié après la
mort de M. Decaisne.)
(*Bull. Soc. bot. de France*, 1882.
p. 65.)

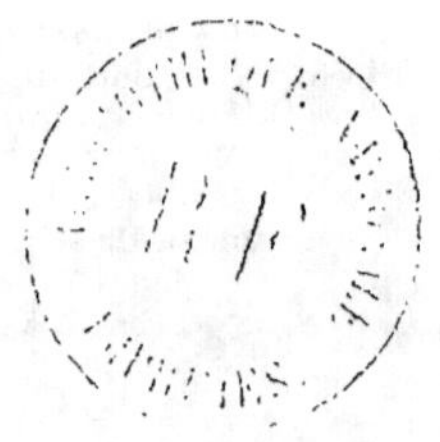

POITIERS. — IMPRIMERIE BLAIS, ROY ET Cie, 7, RUE VICTOR-HUGO